AF187466

Impressum
Verlag: BABADADA GmbH, Nedderfeld 112 , 22529 Hamburg
Geschäftsführer / Verlagsleitung: Harald Hof
Druck: Books on Demand GmbH, In de Tarpen 42, 22848 Norderstedt

Imprint
Publisher: BABADADA GmbH, Nedderfeld 112 , 22529 Hamburg, Germany
Managing Director / Publishing direction: Harald Hof
Print: Books on Demand GmbH, In de Tarpen 42, 22848 Norderstedt, Germany

escuela

בית ספר

aula
כיתה
dividir
חילק
patio de escuela
mesa
לוח
docente
מורה
papel
נייר
escribir
כתב
bolígrafo
עט
escritorio
שולחן עבודה
regla
סרגל
libro
ספר
alumno
תלמיד

mochila escolar

ילקוט

caja de lápices

קלמר

lápiz

עיפרון

sacapuntas

מחדד

goma de borrar

גומי מחיקה

bloc de dibujo

חוברת סרטוט

dibujo

סרטוט

pincel

מברשת

caja de pinturas

קופסת צבעים

tijera

מספריים

pegamento

דבק

libro de ejercicios

ספר תרגול

tarea

שיעור בית

12

número

מספר

2+2

sumar

חיבר

5-2

restar

חיסר

2×2

multiplicar

הכפיל

calcular

חישב

A

letra

אות

ABCDEFG
HIJKLMN
OPQRSTU
VWXYZ

alfabeto

אלפבית

hello

palabra

מילה

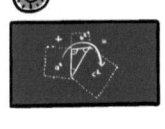

texto

טקסט

leer

קרא

tiza

גיר

lección

שיעור

libro de clase

יומן נוכחות

examen

מבחן

certificado

תעודה

uniforme escolar

תלבושת בית ספר

educación

חינוך

enciclopedia

אנציקלופדיה

universidad

אוניברסיטה

microscopio

מיקרוסקופ

mapa

מפה

cesto de papeles

סל נייר

viaje
נסיעה

hotel
מלון
albergue
הוסטל
casa de cambio
המרת מטבע
maleta
מזוודה
auto
אוטו

idioma
....
שפה

sí / no
....
כן / לא

ok
....
בסדר

hola
....
שלום

intérprete
....
מתרגם

gracias
....
תודה

¿Cuánto cuesta...?

כמה עולה.....?

No entiendo

אני לא מבין

problema

בעיה

¡Buenas tardes!

ערב טוב!

¡Buenos días!

בוקר טוב!

¡Buenas noches!

לילה טוב!

adiós

להתראות

dirección

כיוון

equipaje

כבודה

bolso

תיק

mochila

תרמיל גב

invitado

אורח

cuarto

חדר

saco de dormir

שק שינה

tienda de campaña

אוהל

información al turista

מרכז מידע לתיירים

playa

חוף ים

tarjeta de crédito

כרטיס אשראי

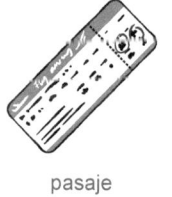

desayuno

ארוחת בוקר

almuerzo

ארוחת צהריים

cena

ארוחת ערב

pasaje

כרטיס

ascensor

מעלית

sello

בול

límite

גבול

aduana

מכס

embajada

שגרירות

visa

אשרה

pasaporte

דרכון

transporte

תחבורה

avión
מטוס
barco
אונייה
coche de bomberos
כבאית
camión
משאית
bus
אוטובוס
lancha a motor
סירת מנוע
bicicleta
אופניים
auto
אוטו

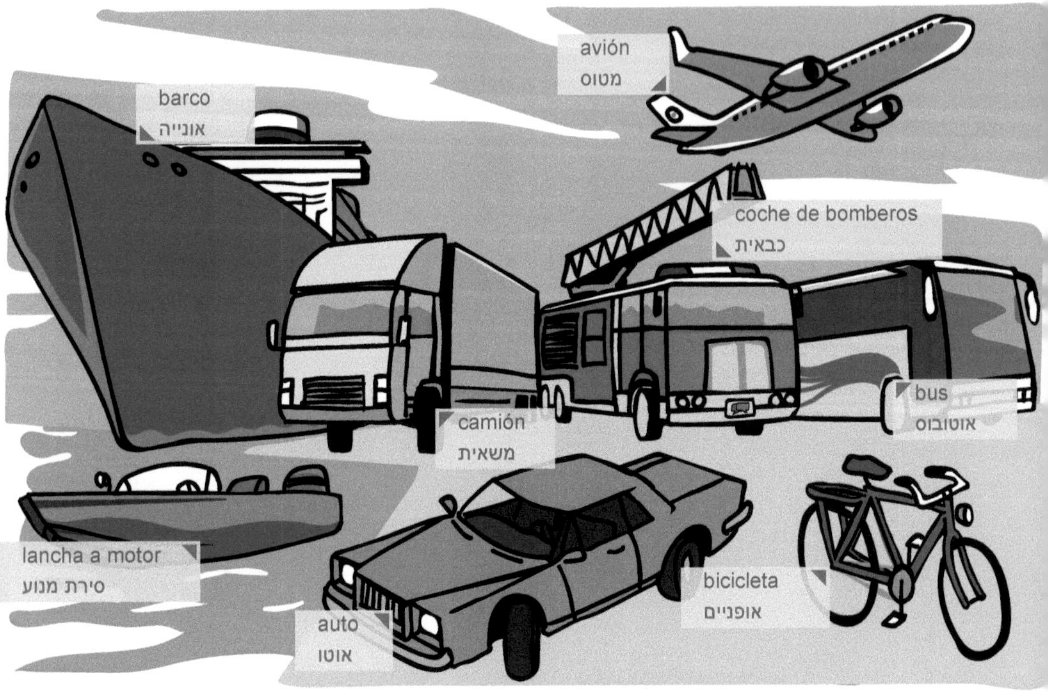

balsa

מעבורת

lancha

סירה

motocicleta

אופנוע

auto de policía

ניידת משטרה

auto de carreras

מכונית מרוץ

auto de alquiler

רכב שכור

alquiler de autos

מכוניות בשיתוף

grúa

אוטו גרר

vehiculo recolector de basura

משאית זבל

motor

מנוע

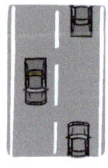

gasolina

דלק

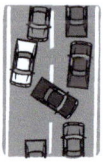

gasolinera

תחנת דלק

señal de tráfico

תמרור

tránsito

תנועה

atasco

פקק תנועה

estacionamiento

חניה

estación de tren

תחנת רכבת

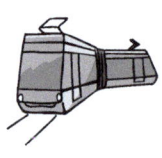

carril

פסי רכבת

tren

רכבת

tranvía

רכבת קלה

vagón

קרון

helicóptero

מסוק

aeropuerto

שדה-תעופה

torre

מגדל

pasajero

נוסע

contenedor

קונטיינר

caja de cartón

קרטון

carro

עגלה

cesta

סל

despegar / aterrizar

המראה / נחיתה

ciudad

עיר

aldea

כפר

centro de la ciudad

מרכז העיר

casa

בית

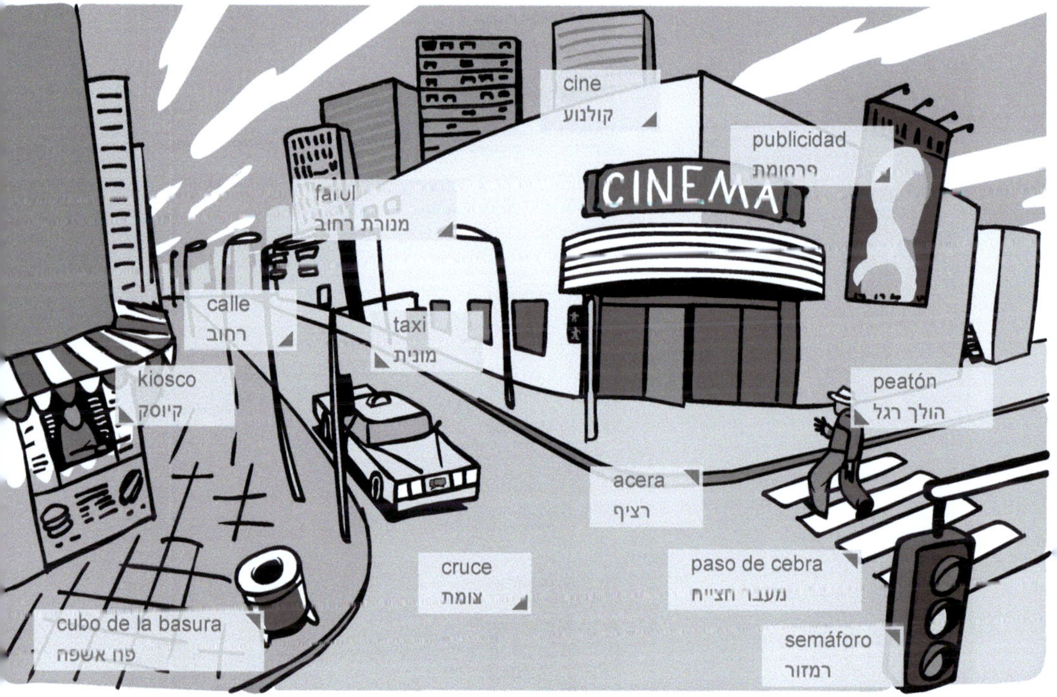

cine
קולנוע
CINEMA
publicidad
פרסומת
farol
מנורת רחוב
calle
רחוב
taxi
מונית
kiosco
קיוסק
peatón
הולך רגל
acera
רציף
cruce
צומת
paso de cebra
מעבר חצייה
cubo de la basura
פח אשפה
semáforo
רמזור

cabaña

בקתה

apartamento

דירה

estación de tren

תחנת רכבת

ayuntamiento

עירייה

museo

מוזיאון

escuela

בית ספר

universidad

אוניברסיטה

banco

בנק

hospital

בית חולים

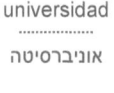

hotel

מלון

farmacia

בית מרקחת

oficina

משרד

librería

חנות ספרים

negocio

חנות

florería

חנות פרחים

supermercado

סופרמרקט

mercado

שוק

grandes almacenes

כל-בו

pescadería

מוכר דגים

centro comercial

קניון

puerto

נמל

parque

פארק

banco

ספסל

puente

גשר

escalera

מדרגות

metro

רכבת תחתית

túnel

מנהרה

parada de autobuses

תחנת אוטובוס

bar

בר

restaurante

מסעדה

buzón de correo

תא דואר

letrero

שלט רחוב

parquímetro

מדחן

zoológico

גן חיות

piscina

בריכת שחיה

mezquita

מסגד

granja חווה	polución זיהום	cementerio בית עלמין
iglesia כנסייה	parque infantil מגרש משחקים	templo בית מקדש

paisaje
נוף

hoja
עלה

indicador de camino
תמרור

sendero
דרך

pradera
מרעה

piedra
אבן

árbol
עץ

caminante
מטייל

río
נהר

pasto
דשא

flor
פרח

valle

בקעה

montaña

הר

lago

אגם

bosque

יער

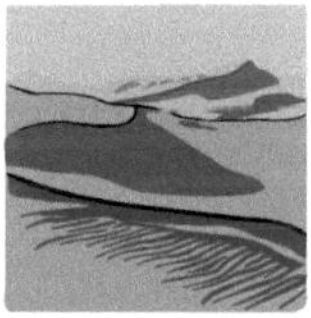

desierto

מדבר

volcán

הר געש

castillo

טירה

arco iris

קשת בענן

seta

פטריה

palmera

דקל

mosquito

יתוש

mosca

זבוב

hormiga

נמלה

abeja

דבורה

araña

עכביש

escarabajo

חיפושית

rana

צפרדע

ardilla

סנאי

erizo

קיפוד

liebre

ארנב

lechuza

ינשוף

pájaro

ציפור

cisne

ברבור

jabalí

חזיר בר

ciervo

צבי

alce

אייל הקורא

embalse

סכר

aerogenerador

טורבינת רוח

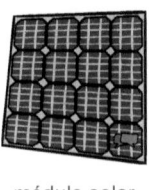

módulo solar

פנל סולארי

clima

אקלים

restaurante

מסעדה

camarero
מלצר
carta del menú
תפריט
silla
כסא
sopa
מרק
pizza
פיצה
mantel
מפת שולחן
cubiertos
סכו"ם

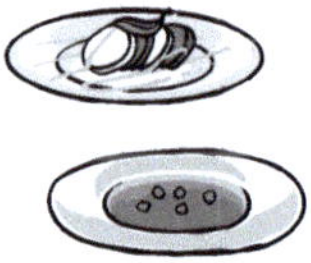

entrada
מנת פתיחה

plato principal
מנה עיקרית

postre
קינוח

bebida
שתיות

comida
אוכל

botella
בקבוק

comida rápida

מזון מהיר

comida callejera

אוכל רחוב

tetera

קנקן תה

azucarera

מסכרת

porción

מנה

máquina de espresso

מכונת אספרסו

silla alta

כסא תינוק

factura

חשבון

bandeja

מגש

cuchillo

סכין

tenedor

מזלג

cuchara

כף

cuchara de té

כפית

servilleta

מפית

vaso

כוס

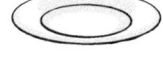

plato

צלחת

plato de sopa

קערת מרק

platillo

תחתית

salsa

רוטב

salero

מלחייה

molinillo para pimienta

מטחנת פלפל

vinagre

חומץ

aceite

שמן

especias

תבלינים

ketchup

קטשופ

mostaza

חרדל

mayonesa

מיונז

supermercado

סופרמרקט

oferta
מבצע
cliente
לקוח
productos lácteos
מוצרי חלב
fruta
פירות
carrito de compras
עגלת קניות

carnicería

אטליז

panadería

מאפייה

pesar

שקל

verdura

ירקות

carne

בשר

alimentos congelados

מזון קפוא

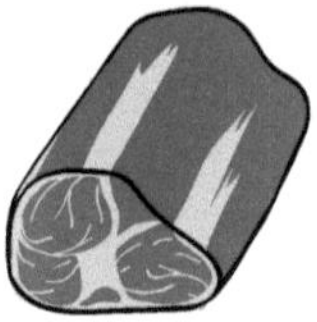

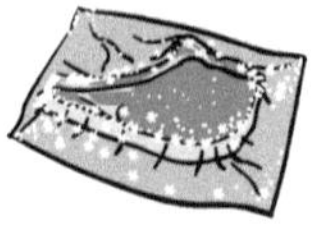

fiambre

בשר קר

conservas

שימורים

detergente en polvo

אבקת כביסה

dulces

ממתקים

artículos domésticos

מוצרי בית

productos de limpieza

חומר ניקוי

vendedora

מוכרת

caja

קופה

cajero

קופאי

lista de compras

רשימת קניות

horario de atención

שעות פתיחה

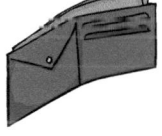

cartera

ארנק

tarjeta de crédito

כרטיס אשראי

maleta

תיק

bolsa plástica

שקית ניילון

bebida

שתיות

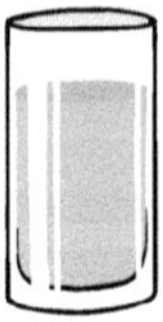

agua

מים

jugo

מיץ

leche

חלב

refresco de cola

קולה

vino

יין

cerveza

בירה

alcohol

אלכוהול

cacao

קקאו

té

תה

café

קפה

espresso

אספרסו

cappuccino

קפוצ'ינו

banana

בננה

manzana

תפוח

naranja

תפוז

sandía

אבטיח

limón

לימון

zanahoria

גזר

ajo

שום

bambú

במבוק

cebolla

בצל

seta

פטריות

nueces

אגוזים

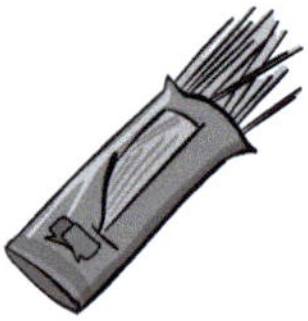

fideos

אטריות

espagueti

ספגטי

arroz

אורז

ensalada

סלט

patatas fritas

צ'יפס

patatas salteadas

צ'יפס

pizza

פיצה

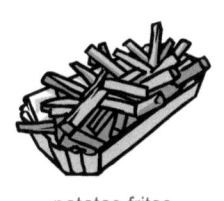

hamburguesa

המבורגר

sándwich

כריך

escalope

שניצל

jamón

שינקין

salame

סלאמי

embutido

נקניקיה

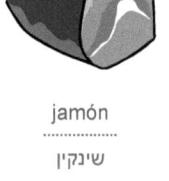

pollo

עוף

asado

טיגון

pescado

דג

copos de avena

שיבולת שועל

musli

מוזלי

copos de maíz tostado

קורנפלקס

harina

קמח

croissant

קרואסון

panecillo

לחמנייה

pan

לחם

tostada

טוסט

galletas

עוגיות

mantequilla

חמאה

cuajada

גבינה לבנה

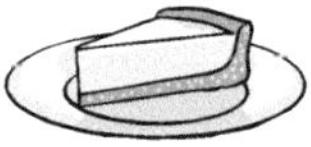

pastel

עוגה

huevo

ביצה

huevo frito

ביצת עין

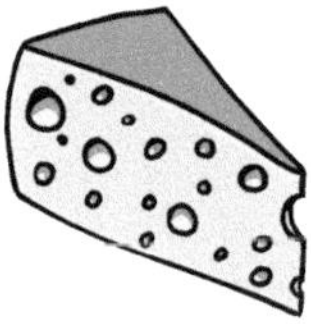

queso

גבינה

helado

גלידה

azúcar

סוכר

miel

דבש

mermelada

ריבה

praliné

ממרח נוגט

curry

קארי

casa do labranza
בית חווה

paca de paja
חבילת שחת

pajar
אסם

campo
שדה

caballo
סוס

remolque
עגלת נגרר

potro
סייח

tractor
טרקטור

asno
חמור

cordero
טלה

oveja
כבש

cabra	vaca	ternero
עז	פרה	עגל

cerdo	lechón	toro
חזיר	חזרזיר	שור

ganso

אווז

pato

ברווז

polluelo

אפרוח

pollo

תרנגולת

gallo

תרנגול

rata

חולדה

gato

חתול

ratón

עכבר

buey

שור

perro

כלב

caseta del perro

מלונה

manguera de riego

צינור השקיה

regadera

קנקן מים

guadaña

חרמש

arado

מחרשה

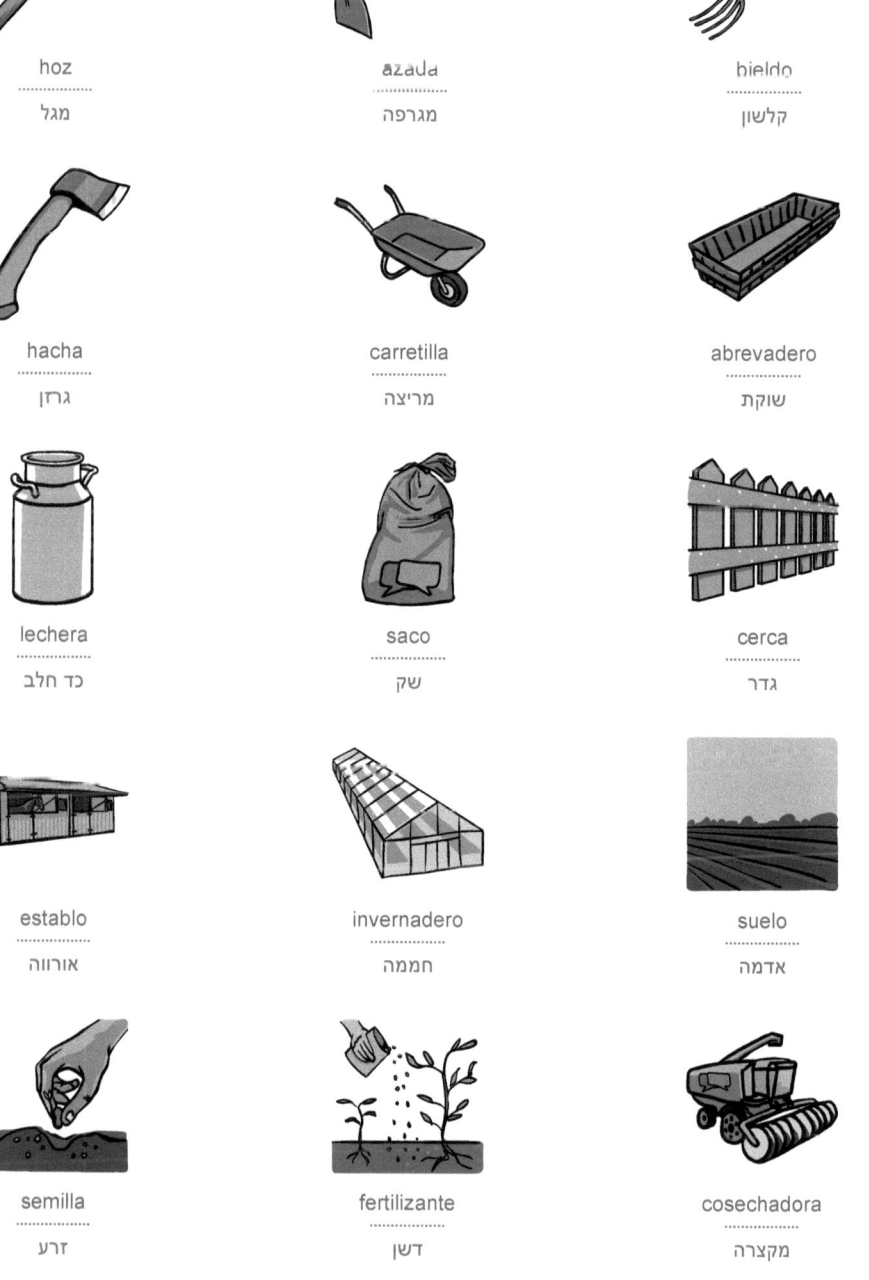

hoz מגל	azada מגרפה	bieldo קלשון
hacha גרזן	carretilla מריצה	abrevadero שוקת
lechera כד חלב	saco שק	cerca גדר
establo אורווה	invernadero חממה	suelo אדמה
semilla זרע	fertilizante דשן	cosechadora מקצרה

cosechar

קצר

cosecha

קציר

raíz de ñame

בטטה אפריקנית

trigo

חיטה

soja

סויה

patata

תפוח אדמה

maíz

תירס

colza

קנולה

Árbol frutal

עץ פירות

mandioca

קסבה

cereales

דגנים

casa

בית

ארובה
techo
גג
canalón
מרזב
ventana
חלון
garaje
מוסך
timbre
פעמון
puerta
דלת
cubo de la basura
פח אשפה
buzón de correo
תיבת מכתבים
jardín
גינה

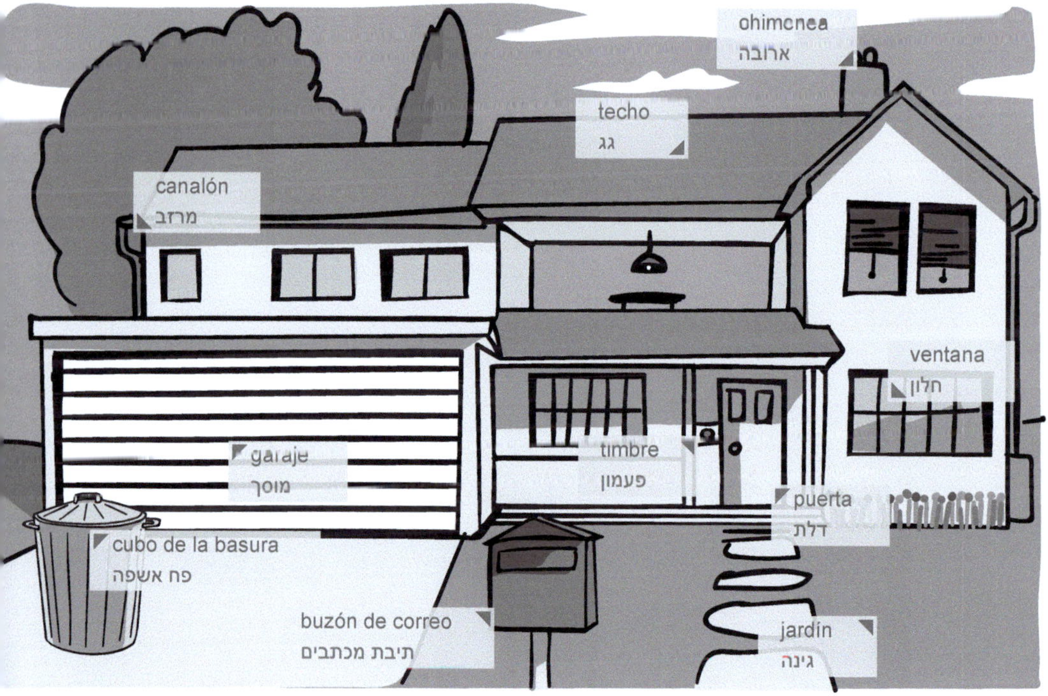

cuarto de estar
....
סלון

cuarto de baño
....
חדר אמבטיה

cocina
....
מטבח

dormitorio
....
חדר שינה

cuarto de los niños
....
חדר ילדים

comedor
....
חדר אוכל

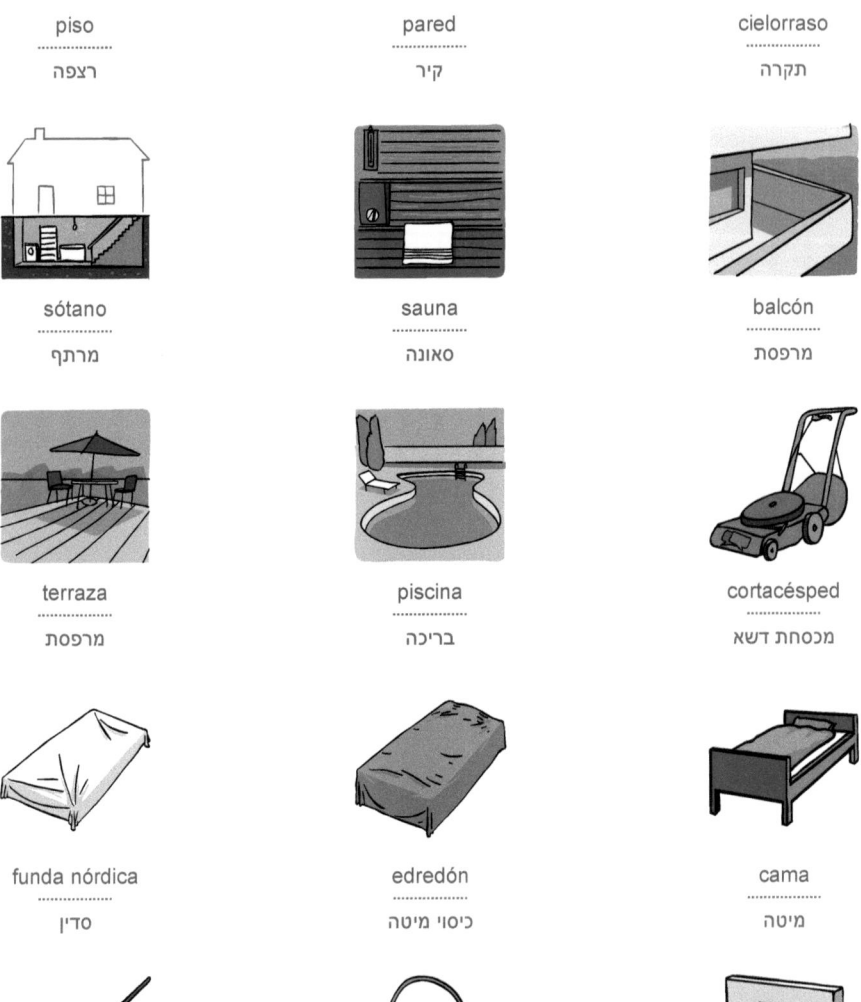

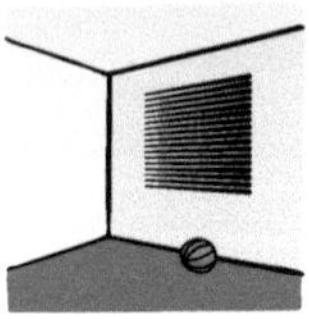

piso	pared	cielorraso
רצפה	קיר	תקרה

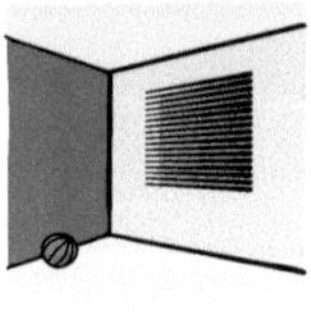

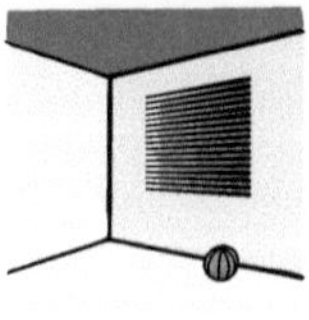

sótano	sauna	balcón
מרתף	סאונה	מרפסת

terraza	piscina	cortacésped
מרפסת	בריכה	מכסחת דשא

funda nórdica	edredón	cama
סדין	כיסוי מיטה	מיטה

escoba	cubo	interruptor
מטאטא	דלי	מפסק

cuarto de estar

סלון

papel para empapelar
טפט
imagen
תמונה
lámpara
מנורה
estante
מדף
gabinete
ארון
televisor
טלוויזיה
hogar
אח
flor
פרח
cojín
כרית
sofá
ספה
florero
אגרטל
control remoto
שלט רחוק

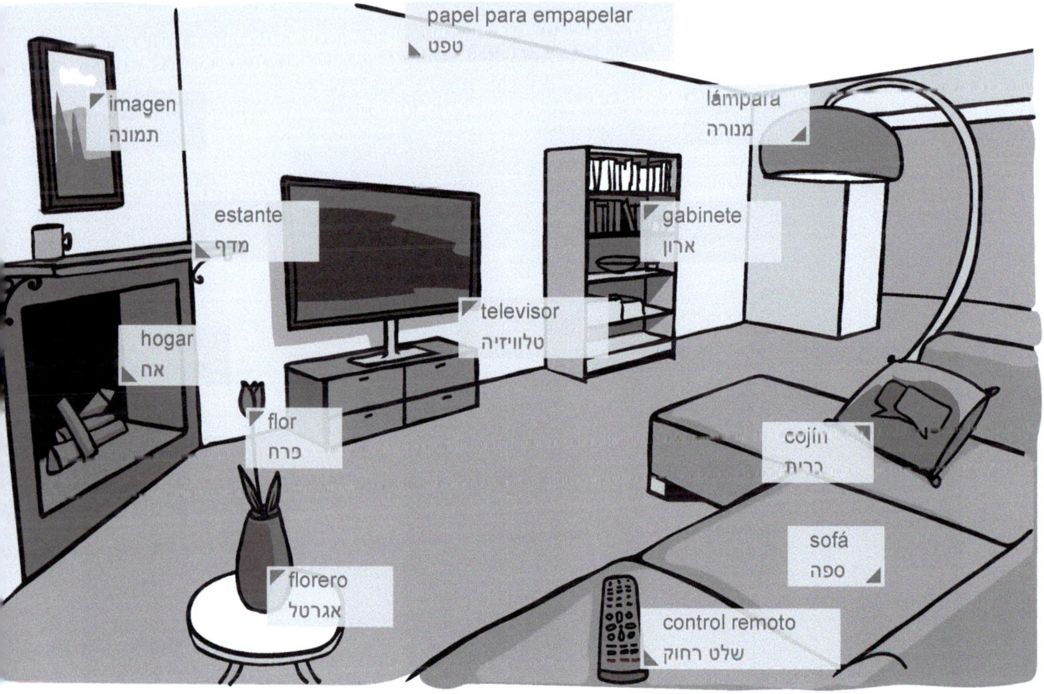

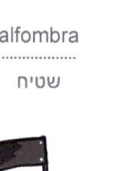

alfombra

שטיח

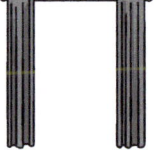

cortina

וילון

mesa

שולחן

silla

כסא

mecedora

כיסא נדנדה

sillón

כורסה

libro	frazada	decoración
ספר	שמיכה	דקורציה
leña	film	equipo estereofónico
עצי הסקה	סרט	מערכת סטריאו
llave	periódico	cuadro
מפתח	עיתון	ציור
póster	radio	bloc de notas
פוסטר	רדיו	מחברת
aspiradora	cactus	vela
שואב אבק	קקטוס	נר

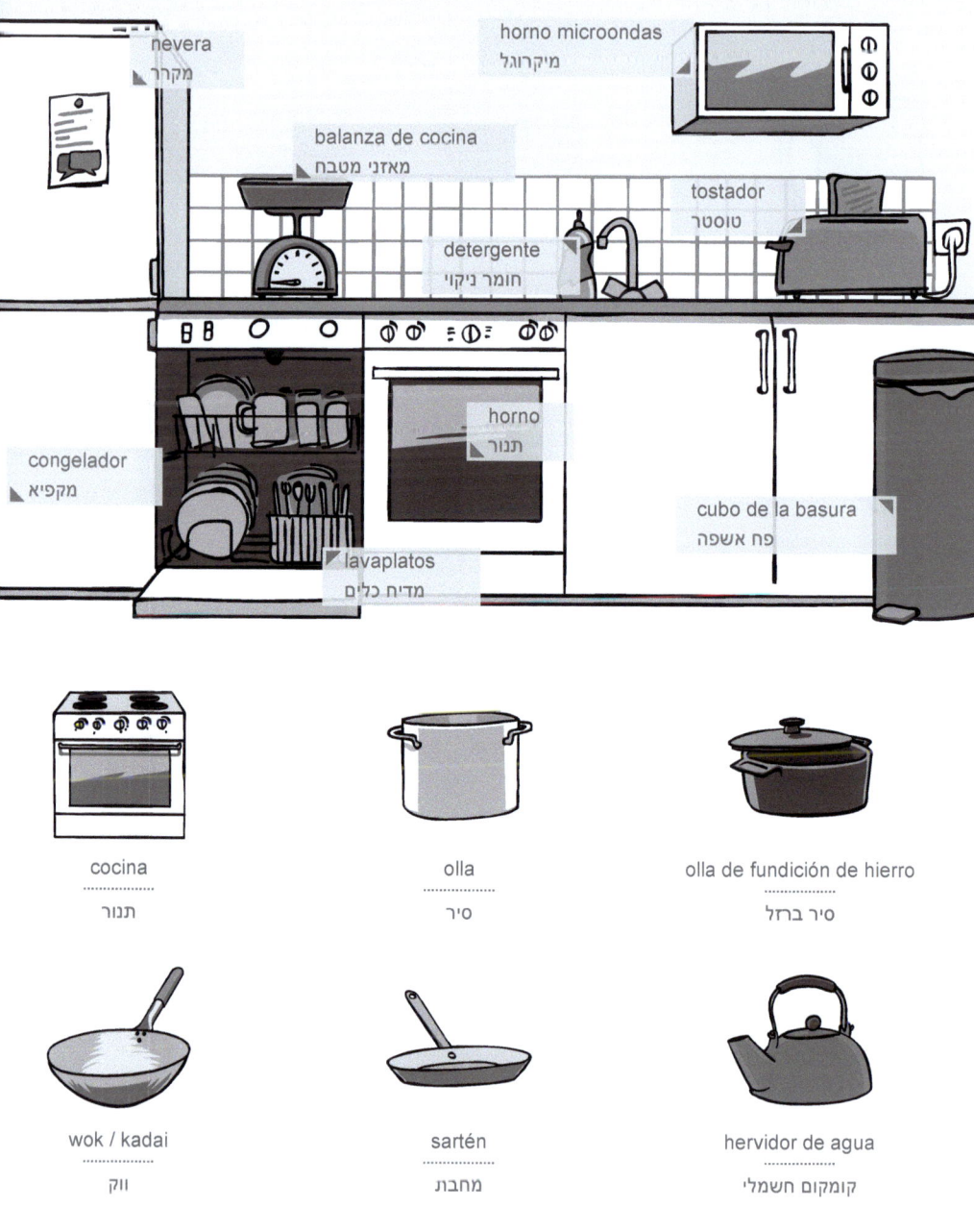

horno microondas
מיקרוגל

nevera
מקרר

balanza de cocina
מאזני מטבח

tostador
טוסטר

detergente
חומר ניקוי

horno
תנור

congelador
מקפיא

cubo de la basura
פח אשפה

lavaplatos
מדיח כלים

cocina
תנור

olla
סיר

olla de fundición de hierro
סיר ברזל

wok / kadai
ווק

sartén
מחבת

hervidor de agua
קומקום חשמלי

olla de vapor

מאדה

bandeja de horno

מגש אפייה

vajilla

כלי אוכל

vaso

ספל

bol

קערה

palillos para comer

צ'ופסטיקס

cucharón de sopa

מצקת

espátula

מרית

batidor

מטרפה

colador

מסננת בישול

cedazo

מסננת

rallador

מגרדת

mortero

מכתש

parrillada

גריל

fogata

מדורה

tabla de picar

קרש חיתוך

rodillo

מערוך

sacacorchos

פותחן פקקים

lata

פחית

abrelatas

פותחן קופסאות

agarrador

מטלית

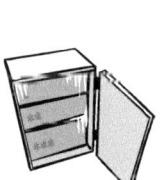

fregadero

כיור

cepillo

מברשת

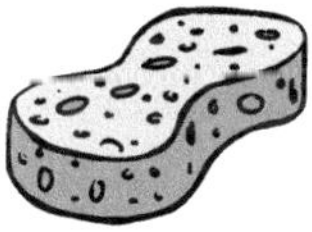

esponja

ספוג

batidora

בלנדר

arcón congelador

מקפיא

biberón

בקבוק לתינוק

grifo

ברז

cuarto de baño

חדר אמבטיה

calefacción
חימום
toalla
מגבת
ducha
מקלחת
cortina para ducha
וילון מקלחת
baño de espuma
אמבטיית קצף
bañera
אמבטיה
vaso
כוס
lavadora
מכונת כביסה
grifo
ברז
baldosa
אריחים
orinal
סיר לילה
fregadero
כיור

cuarto de baño

אסלה

placa turca

אסלת כריעה

bidé

בידה

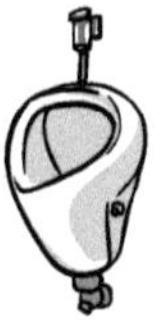

urinario

משתנה

papel higiénico

נייר טואלט

escobilla para el cuarto de baño

מברשת אסלה

cepillo de dientes

מברשת שיניים

pasta dentífrica

משחת שיניים

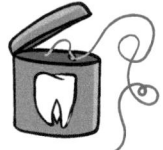

seda dental

חוט דנטלי

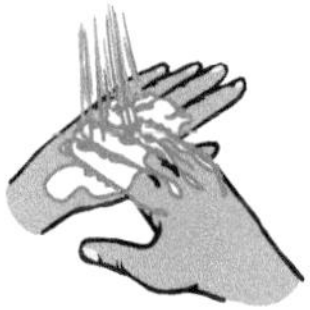

lavar

שטף

ducha teléfono

מקלחת יד

ducha higiénica

צינור שטיפה לשירותים

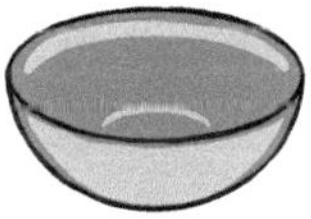

cuenco

קערת רחצה

cepillo para la espalda

מברשת גב

jabón

סבון

gel de ducha

ג'ל רחצה

champú

שמפו

manopla para baño

ליפה

desagüe

ניקוז

crema

קרם

desodorante

דיאודורנט

espejo

מראה

espejo de maquillaje

מראת יד

máquina de afeitar

סכין גילוח

espuma de afeitar

קצף גילוח

loción para después del afeitado

אפטרשייב

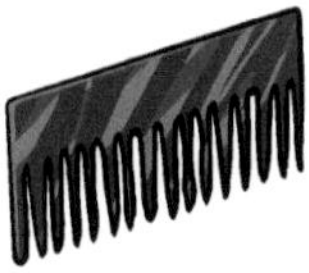

peine

מסרק

cepillo

מברשת

secador para cabello

מייבש שיעור

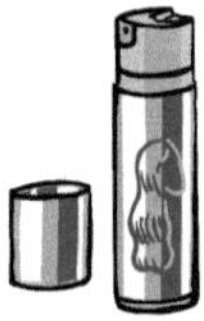

laca de peinado

ספריי לשיער

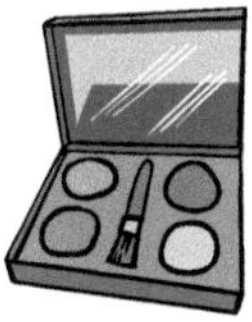

maquillaje

איפור

lápiz labial

שפתון

laca para uñas

לק

algodón

צמר גפן

tijera para uñas

מספריים לציפורניים

perfume

בושם

neceser

תיק כלי רחצה

taburete

שרפרף

balanza

משקל

bata de baño

חלוק רחצה

guantes de goma

כפפות גומי

tampón

טמפון

compresa

תחבושת סניטרית

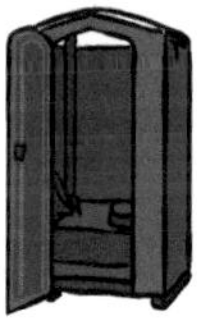

wáter químico

שירותים כימיקליים

cuarto de los niños
חדר ילדים

despertador
שעון מעורר
animal de peluche
צעצוע חיבוק
auto de juguete
מכונית צעצוע
sonajero
רעשן
casa de muñecas
בית בובות
obsequio
מתנה

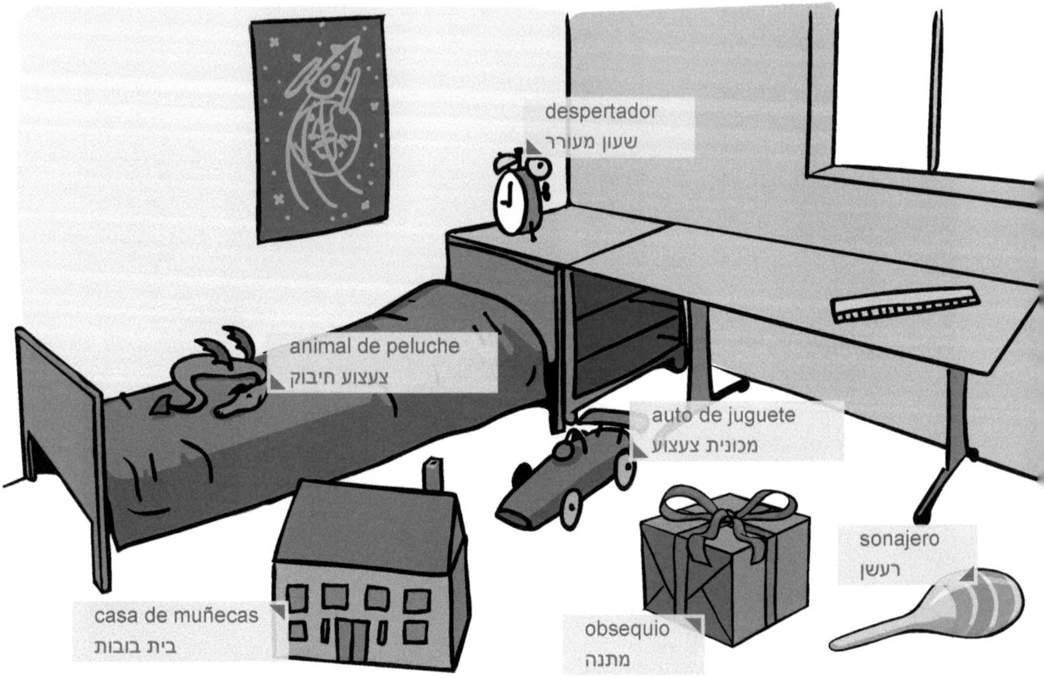

globo

בלון

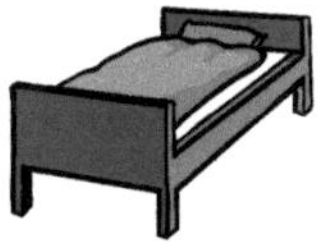

cama

מיטה

cochecito para niños

עגלה

juego de barajas

משחק קלפים

rompecabezas

פאזל

cómic

קומיקס

piezas de Lego

לגו

bloquoc para jugar

קוביות משחק

figura de acción

דמות משחק

pijama de una pieza

סרבל תינוקות

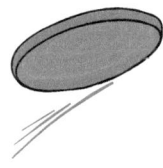

frisbee

פריזבי

móvil

נייד

juego de mesa

משחק לוח

dado

קוביה

tren eléctrico a escala

רכבת צעצוע

chupete

מוצץ

fiesta

מסיבה

libro de dibujos

אלבום תמונות

pelota

כדור

títere

בובה

jugar

שיחק

arenero

ארגז חול

columpio

נדנדה

juguetes

צעצועים

consola de videojuego

קונסולת משחקים

triciclo

אופניים תלת גלגלי

osito de peluche

דובון

guardarropa

ארון בגדים

vestimenta

בגדים

calcetines

גרביים

medias

גרביונים

panti

גרביון

chal
צעיף

paraguas
מטריה

camiseta
חולצת טי

cinturón
חגורה

botas
מגפיים

zapatilla
נעלי בית

deportivas
נעלי ספורט

sandalias

סנדלים

zapatos

נעליים

botas de goma

מגפי גומי

ropa interior

תחתונים

corpiño

חזייה

camiseta

וסט

body

גוף

pantalón

מכנסיים

jeans

ג'ינס

falda

חצאית

blusa

חולצה מכופתרת

camisa

חולצה

pullover

אפודה

sweater

סווצ'ר עם קפוצ'ון

blazer

בלייזר

chaqueta

ז'קט

abrigo

מעיל

impermeable

מעיל גשם

traje chaqueta

תלבושת

vestido

שמלה

vestido de bodas

שמלת כלה

traje

חליפה

camisón

כותונת לילה

pijama

פיג'מה

sari

סארי

pañuelo de cabeza

מטפחת ראש

turbante

טורבן

burka

בורקה

caftán

קאפטן

abaya

עבאיה

traje de baño

בגד ים

bañador

בגד ים

shorts

מכנסיים קצרים

chándal

בגד אימון

delantal

סינר

guante

כפפות

botón

כפתור

gafa

משקפיים

brazalete

צמיד יד

cadena

שרשרת

anillo

טבעת

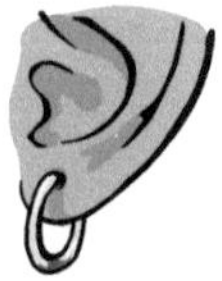

aro

עגיל

gorra

כובע

percha

קולב

sombrero

כובע

corbata

עניבה

cierre a cremallera

רוכסן

casco

קסדה

tiradores

כתפיות

uniforme escolar

תלבושת בית ספר

uniforme

מדים

babero

מפית אוכל

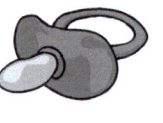

chupoto

מוצץ

pañal

חיתול

oficina

משרד

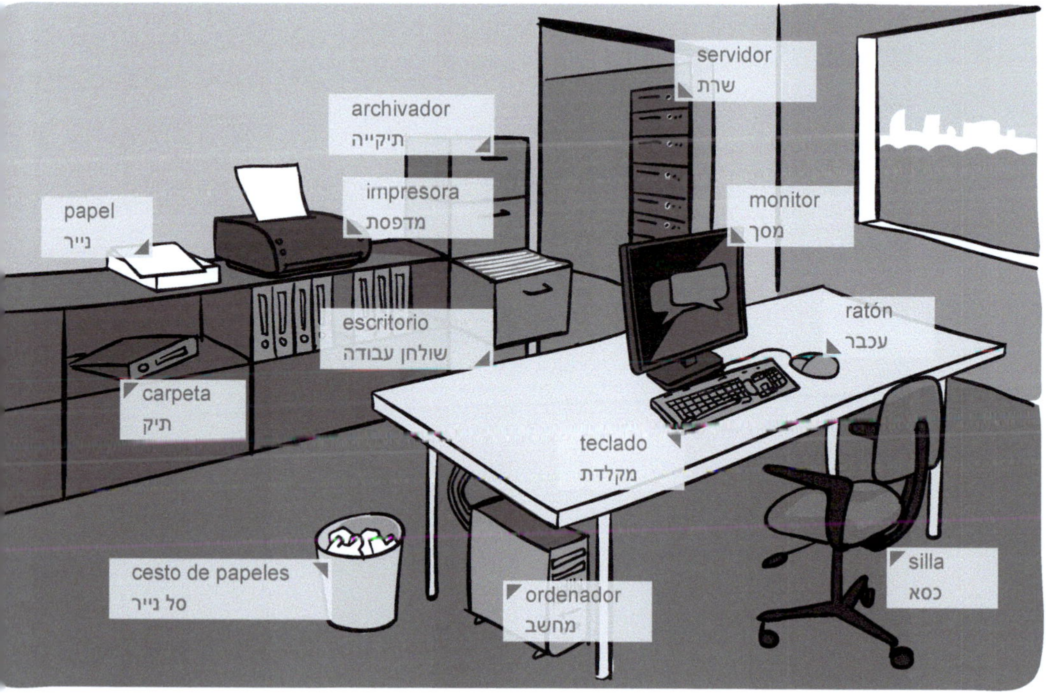

servidor
שרת

archivador
תיקייה

impresora
מדפסת

papel
נייר

monitor
מסך

escritorio
שולחן עבודה

ratón
עכבר

carpeta
תיק

teclado
מקלדת

cesto de papeles
סל נייר

silla
כסא

ordenador
מחשב

taza de café

ספל קפה

calculadora

מחשבון

internet

אינטרנט

laptop

מחשב נייד

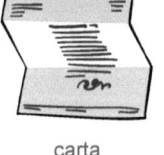

carta

מכתב

mensaje

הודעה

teléfono móvil

נייד

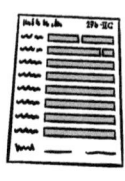

red

רשת

fotocopiadora

מכונת צילום

software

תוכנה

teléfono

טלפון

tomacorriente

שקע

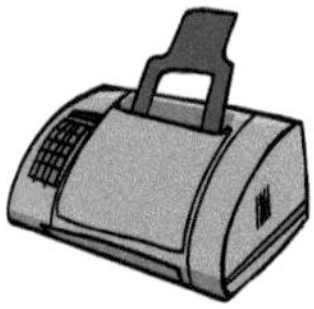

máquina de fax

פקס

formulario

טופס

documento

מסמך

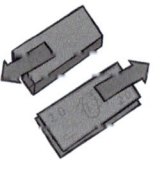

economía

כלכלה

comprar

קנה

pagar

שילם

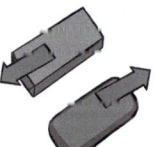

comerciar

סחר

dinero

כסף

USD

dólar

דולר

EUR

euro

יורו

JPY

yen

ין

RUB

rublo

רובל

CHF

franco

פרנק שווייצרי

CNY

renminbi

יואן רנמינבי

INR

rupia

רופי

cajero automático

כספומט

casa de cambio

המרת מטבע

oro

זהב

plata

כסף

petróleo

נפט

energía

אנרגיה

precio

מחיר

contrato

חוזה

impuesto

מס

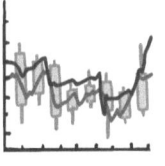

acción

מנייה

trabajar

עבד

empleado

עובד

empleador

מעסיק

fábrica

מפעל

negocio

חנות

ocupaciones

מקצועות

policía
שוטר
bombero
כבאי
cocinero
טבח
médico
רופא
piloto
טייס

jardinero

גנן

carpintero

נגר

costurera

תופרת

juez

שופט

químico

כימאי

actor

שחקן

conductor de autobús

נהג אוטובוס

taxista

נהג מונית

pescador

דייג

mujer de la limpieza

עובדת נקיון

techista

מתקן גגות

camarero

מלצר

cazador

צייד

pintor

צייר

panadero

אופה

electricista

חשמלאי

albañil

עובד בניין

ingeniero

מהנדס

carnicero

קצב

fontanero

אינסטלטור

cartero

דוור

soldado	arquitecto	cajero
חייל	אדריכל	קופאי
florista	peluquero	cobrador
מוכר פרחים	ספר	כרטיסן
mecánico	capitán	odontólogo
מכונאי	קברניט	רופא שיניים
científico	rabino	imam
מדען	רב	אימאם
monje	párroco	
נזיר	כומר	

herramientas

כלי עבודה

martillo
פטיש
tenazas
צבת
destornillador
מברג
llave de tuercas
מפתח ברגים
lámpara de mesa
פנס

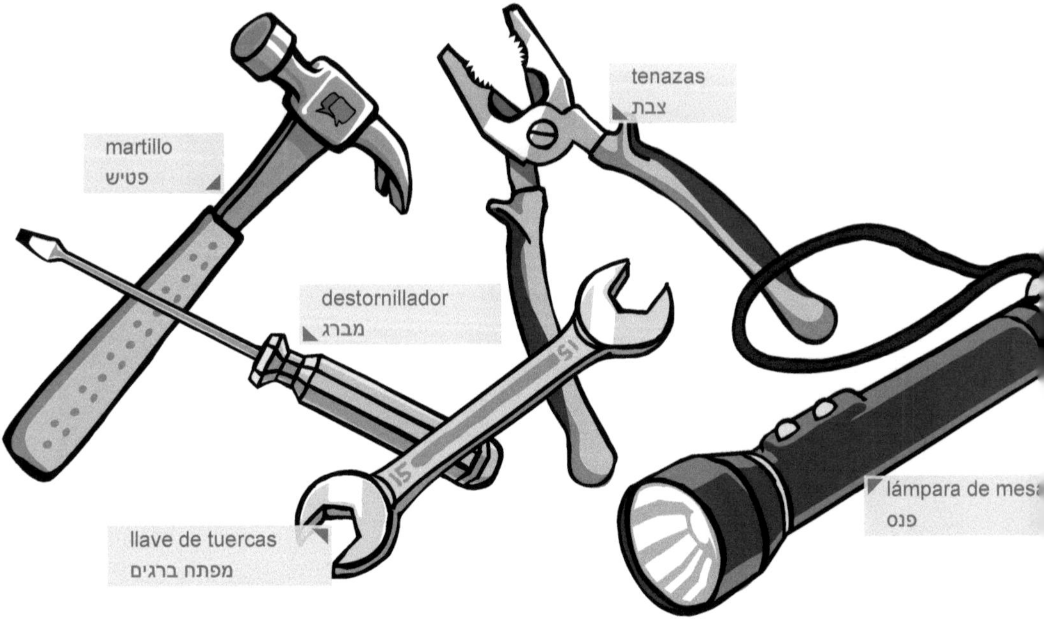

excavadora
דחפור

caja de herramientas
ארגז כלים

escalerilla
סולם

serrucho
מסור

clavos
מסמרים

taladro
מקדחה

reparar

תיקן

pala

את חפירה

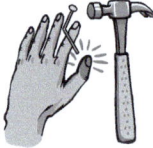

¡Maldición!

לעזאזל!

recogedor

יעה

lata de pintura

פח צבע

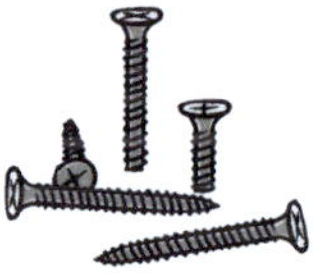

tornillos

ברגים

instrumentos musicales

כלי נגינה

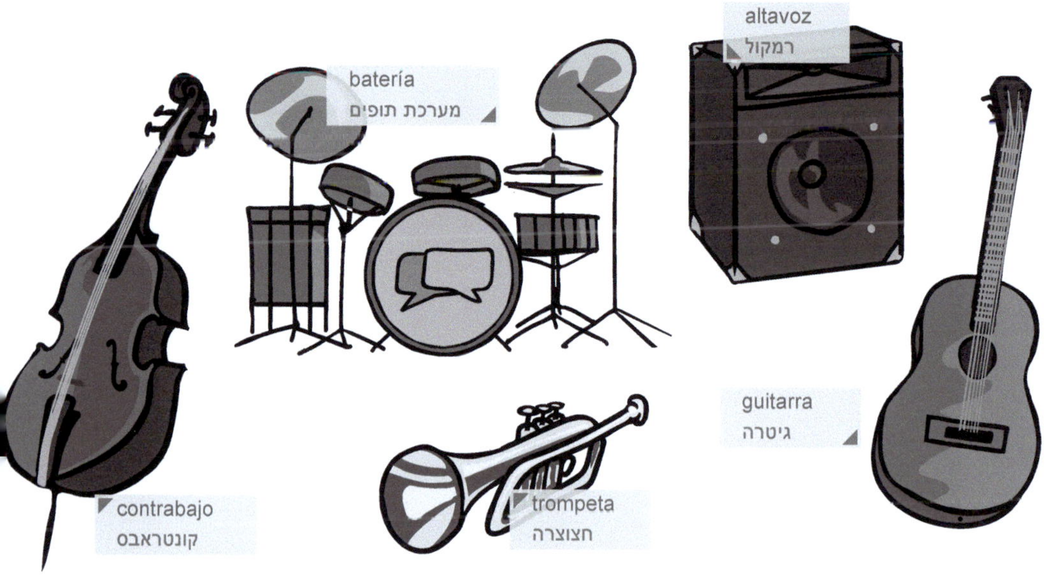

altavoz
רמקול

batería
מערכת תופים

contrabajo
קונטראבס

trompeta
חצוצרה

guitarra
גיטרה

piano

פסנתר

violín

כינור

bajo

בס

timbales

תוף הדוד

tambor

תופים

teclado

מקלדת פסנתר

saxofón

סקסופון

flauta

חליל

micrófono

מיקרופון

zoológico

גן חיות

entrada
כניסה
tigre
נמר
jaula
כלוב
cebra
זברה
comida para animales
מזון לחיות
panda
פנדה

animales

בעלי חיים

elefante

פיל

canguro

קנגרו

rinoceronte

קרנף

gorila

גורילה

oso

דוב

camello

גמל

avestruz

יען

león

אריה

mono

קוף

flamengo

פלמינגו

papagayo

תוכי

oso polar

דוב הקרח

pingüino

פינגווין

tiburón

כריש

pavo real

טווס

serpiente

נחש

cocodrilo

תנין

cuidador del zoológico

שומר גן החיות

foca

כלב ים

jaguar

יגואר

pony

סוס פוני

loopardo

לאופרד

hipopótamo

היפופוטאם

jirafa

ג'ירפה

águila

נשר

jabalí

חזיר בר

pescado

דג

tortuga

צב

morsa

סוס ים

zorro

שועל

gacela

איילה

deporte

ספורט

fútbol americano
פוטבול אמריקאי
ciclismo
רכיבת אופניים
tenis
טניס
baloncesto
כדורסל
natación
שחיה
boxeo
אגרוף
hockey sobre hielo
הוקי

fútbol

כדורגל

badminton

בדמינטון

atletismo

אתלטיקה

balonmano

כדור-יד

esquí

עשה סקי

polo

פולו

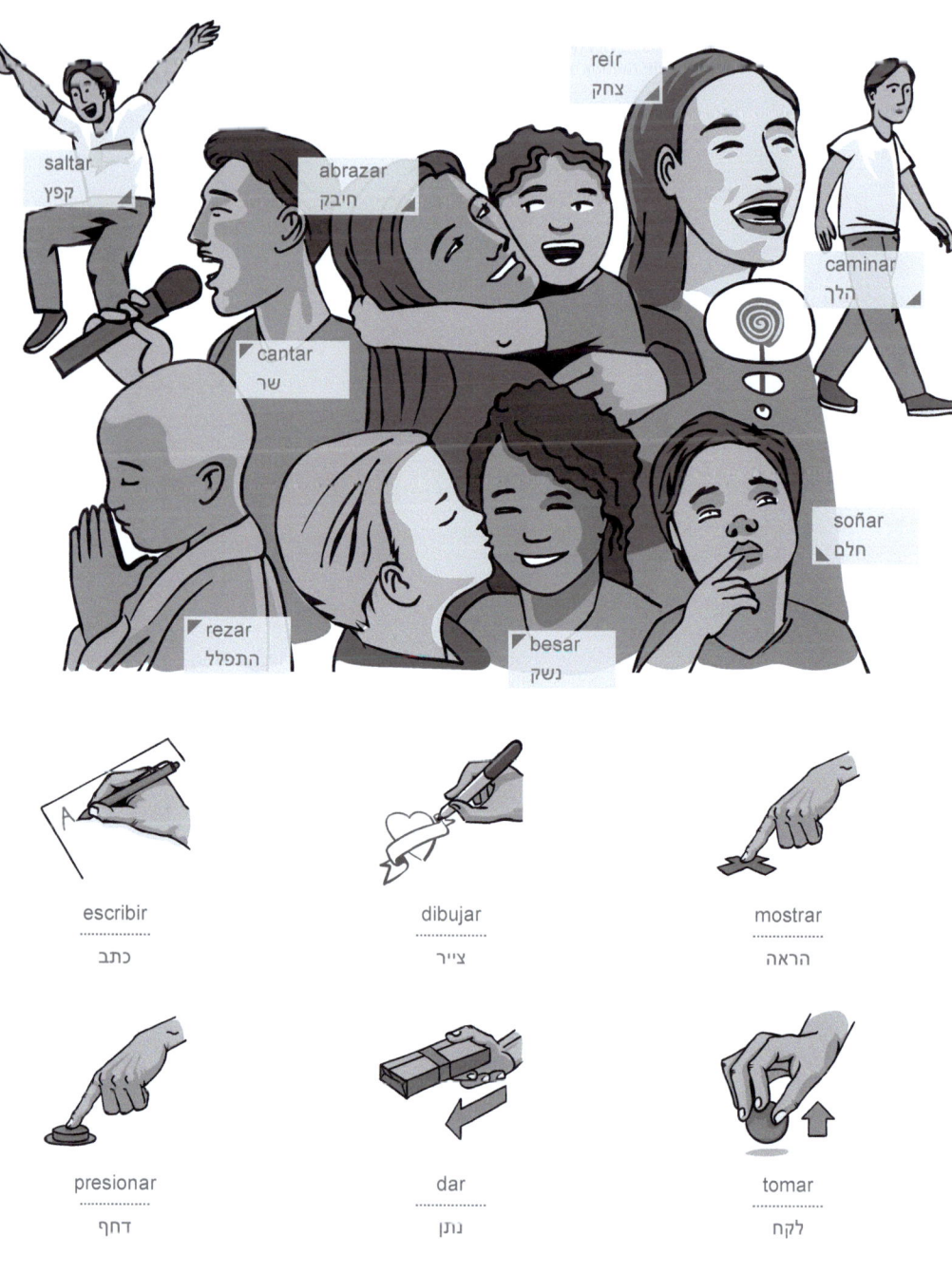

escribir
כתב

dibujar
צייר

mostrar
הראה

presionar
דחף

dar
נתן

tomar
לקח

tener	hacer	ser
יש / להיות הבעלים	עשה	היה
estar de pie	correr	tirar
עמד	רץ	משך
arrojar	caer	estar acostado
זרק	נפל	שכב
esperar	llevar	estar sentado
חיכה	סחב	ישב
vestirse	dormir	despertar
התלבש	ישן	התעורר

mirar	llorar	acariciar
הסתכל ב-	בכה	ליטף

peinarse	conversar	entender
סירק	דיבר	הבין

preguntar	oír	beber
שאל	שמע	שתה

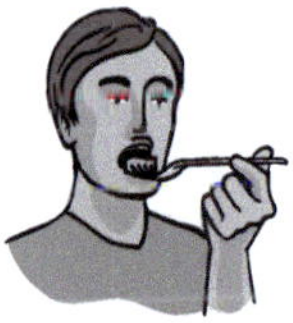

comer	asear	amar
אכל	סידר	אהב

cocinar	conducir	volar
בישל	נהג	עף

navegar

שט

calcular

חישב

leer

קרא

aprender

למד

trabajar

עבד

casarse

התחתן

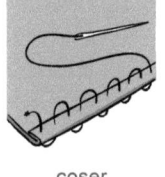

coser

תפר

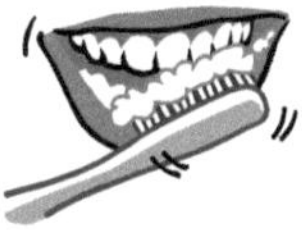

limpiarse los dientes

ציחצח שיניים

matar

הרג

fumar

עישן

enviar

שלח

familia
משפחה

abuela
סבתא
abuelo
סבא
padre
אבא
madre
אימא
bebé
תינוק
hija
בת
hijo
בן

invitado

אורח

tía

דודה

tío

דוד

hermano

אח

hermana

אחות

cuerpo

גוף

frente
מצח
ojo
עין
cara
פנים
barbilla
סנטר
pecho
חזה
dedo
אצבע
mano
כף יד
brazo
זרוע
hombro
כתף
pierna
רגל

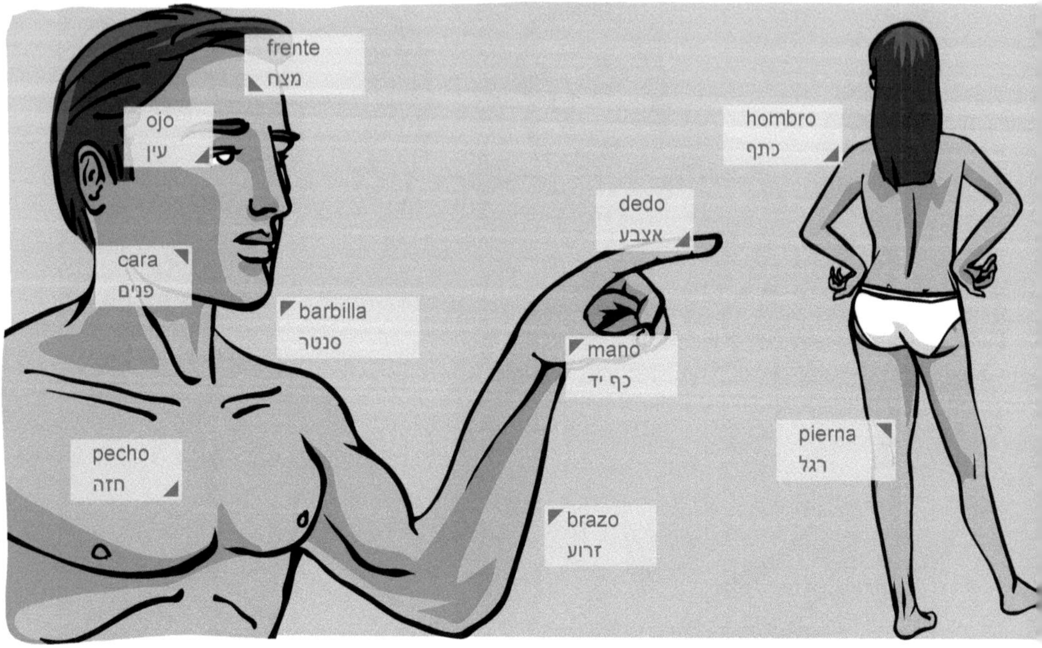

bebé
תינוק

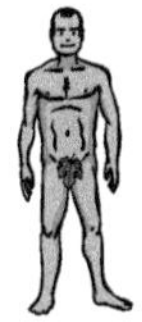

hombre
איש

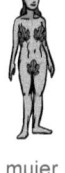

mujer
אישה

muchacha
ילדה

joven
ילד

cabeza
ראש

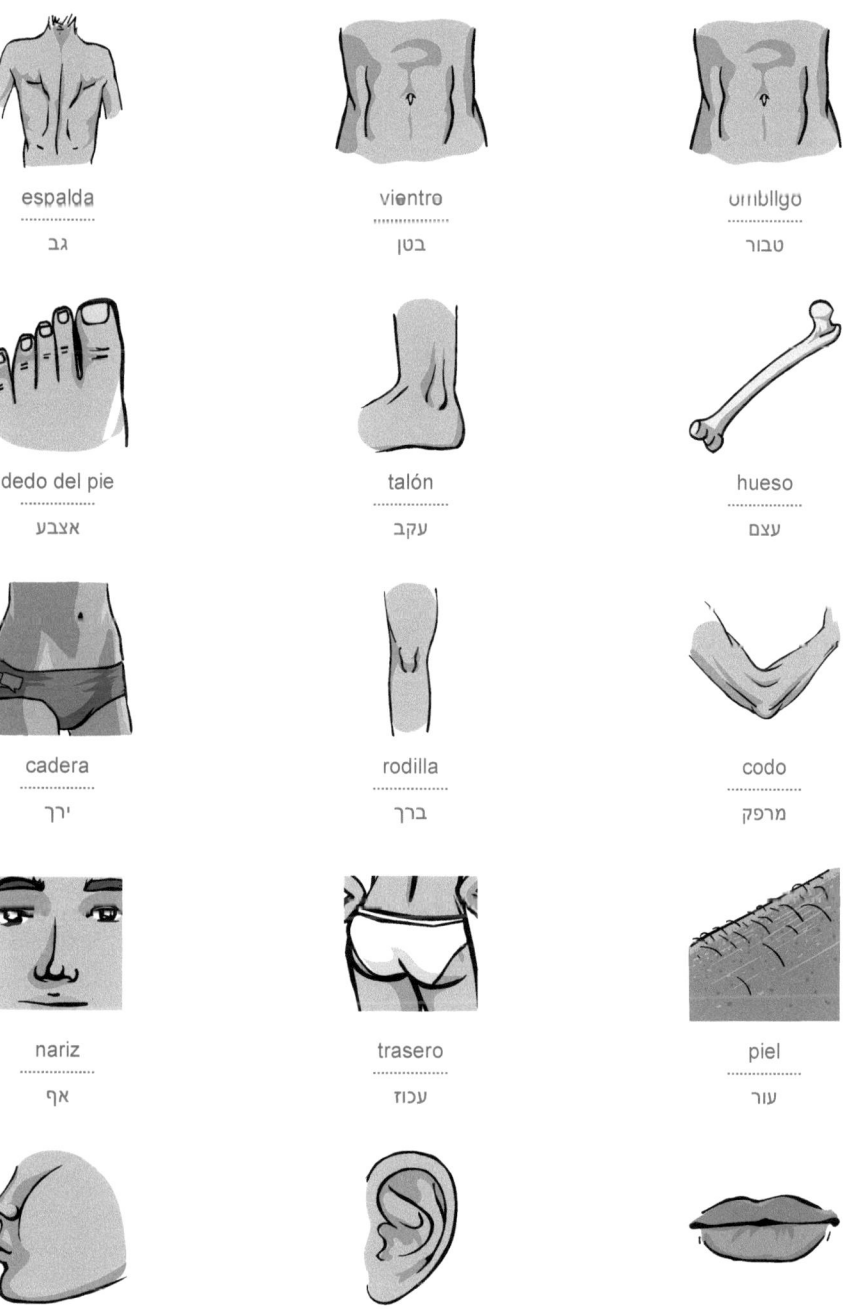

espalda	vientre	umbligo
גב	בטן	טבור
dedo del pie	talón	hueso
אצבע	עקב	עצם
cadera	rodilla	codo
ירך	ברך	מרפק
nariz	trasero	piel
אף	עכוז	עור
mejilla	oreja	labio
לחי	אוזן	שפתיים

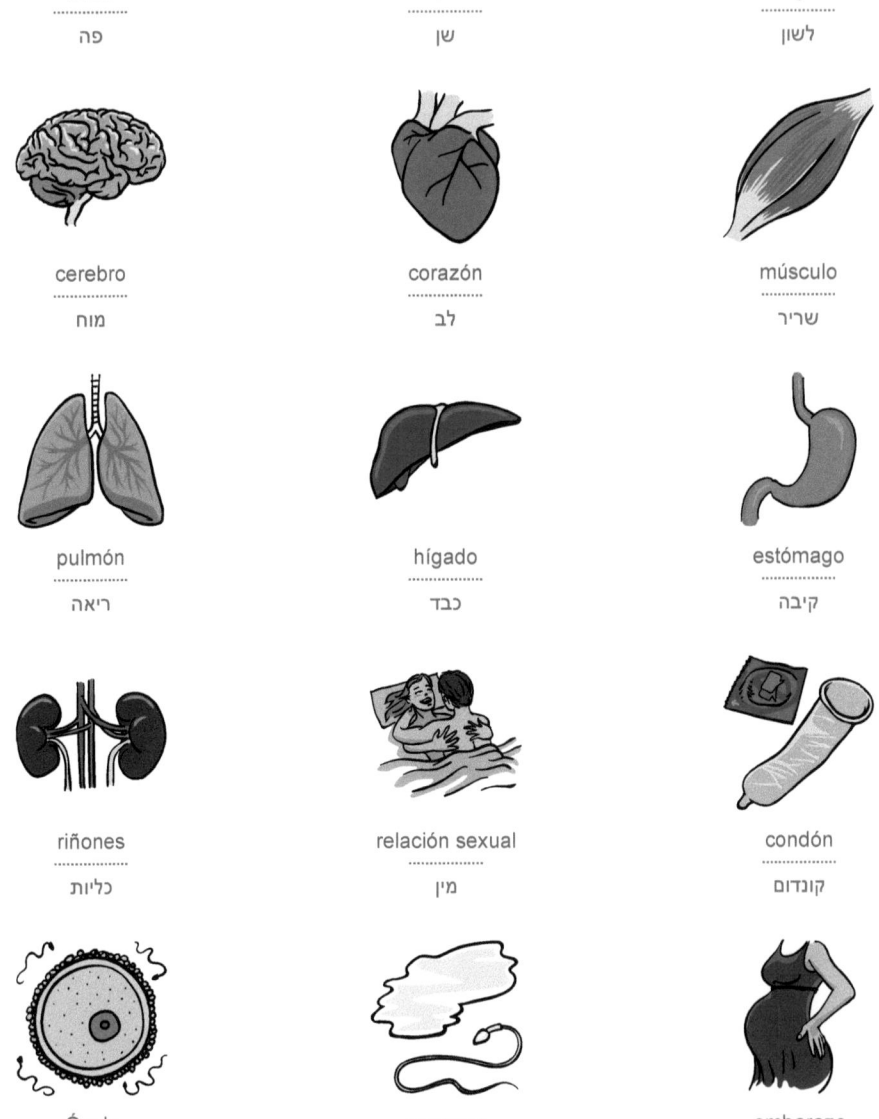

boca	diente	lengua
פה	שן	לשון
cerebro	corazón	músculo
מוח	לב	שריר
pulmón	hígado	estómago
ריאה	כבד	קיבה
riñones	relación sexual	condón
כליות	מין	קונדום
Óvulo	esperma	embarazo
ביצית	זרע	הריון

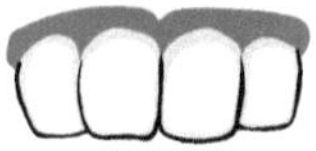

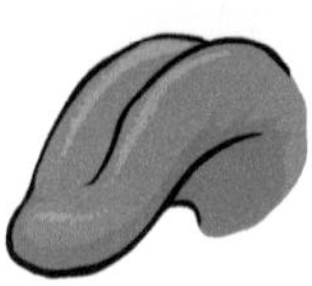

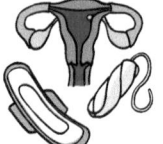

menstruación

ווסת

vagina

נרתיק

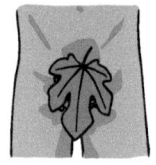

pene

פין

ceja

גבה

cabello

שיער

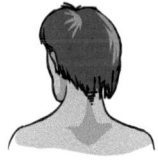

cuello

צוואר

hospital
בית חולים

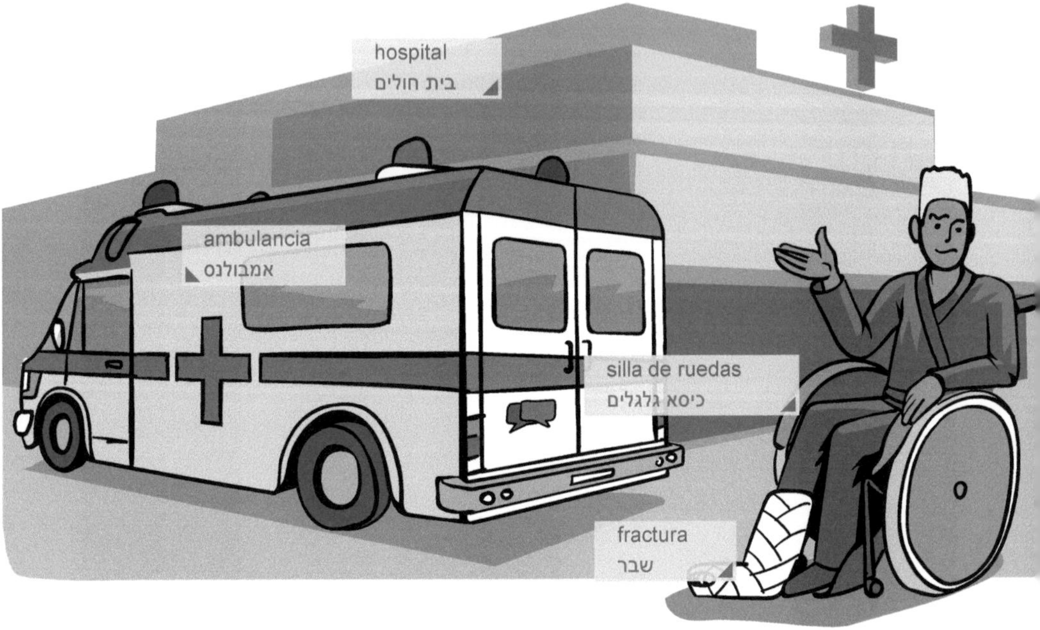

hospital
בית חולים
ambulancia
אמבולנס
silla de ruedas
כיסא גלגלים
fractura
שבר

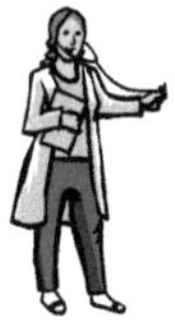

médico
....
רופא

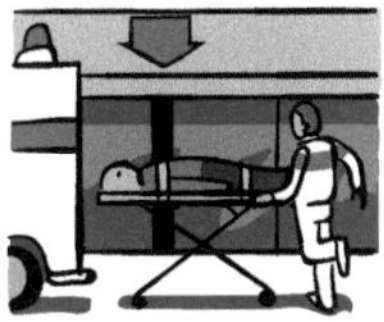

admisión de urgencia
....
חדר מיון

enfermera
....
אחות

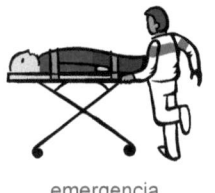

emergencia
....
חירום

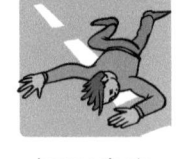

inconsciente
....
חסר הכרה

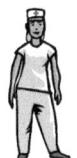

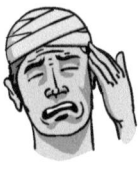

dolor
....
כאב

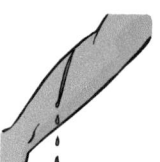

lesión

פציעה

hemorragia

דימום

infarto do miocardio

התקף לב

apoplejía cerebral

שבץ

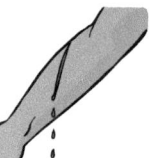

alergia

אלרגיה

tos

שיעול

fiebre

חום

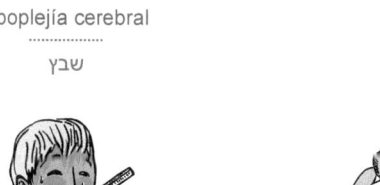

gripe

שפעת

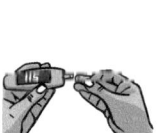

diarrea

שלשול

dolor de cabeza

כאב ראש

cáncer

סרטן

diabetes

סוכרת

cirujano

מנתח

escalpelo

אזמל

operación

ניתוח

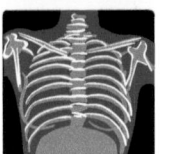

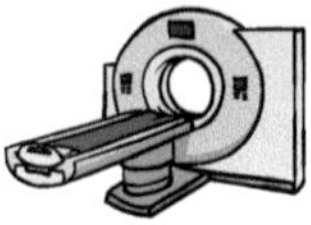

TC

סי-טי

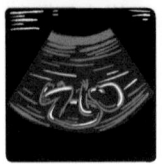

rayos X

רנטגן

ultrasonido

אולטרסאונד

máscara

מסיכת פנים

enfermedad

מחלה

sala de espera

חדר המתנה

muleta

קבה

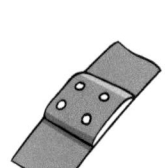

emplasto

פלסטר

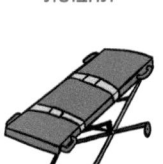

vendaje

תחבושת

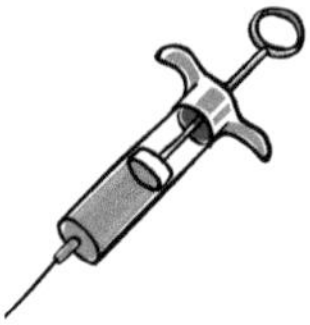

inyección

זריקה

estetoscopio

סטטוסקופ

camilla

אלונקה

termómetro

מד חום

nacimiento

לידה

sobrepeso

עודף משקל

audífono
מכשיר שמיעה

desinfectanto
מחטא

infección
זיהום

virus
נגיף

VIH / SIDA
איידס

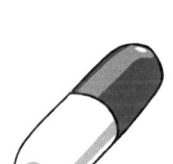

medicina
תרופה

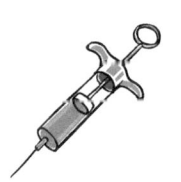

vacunación
חיסון

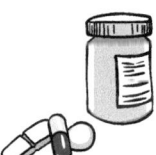

comprimido
טבליות

píldora anticonceptiva
גלולה

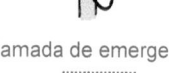

llamada de emergencia
קריאת חירום

medidor de presión arterial
מד לחץ דם

enfermo / saludable
חולה / בריא

emergencia
חירום

¡Ayuda!

הצילו!

alarma

אזעקה

asalto

פשיטה

ataque

תקיפה

peligro

סכנה

salida de emergencia

יציאת חירום

¡Fuego!

אש!

extintor

מטף כיבוי

accidente

תאונה

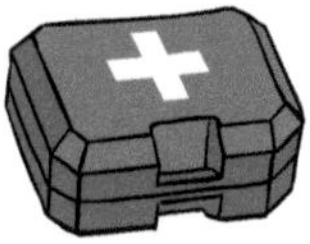

kit de primeros auxilios

ערכת עזרה ראשונה

SOS

הצילו!

Policía

משטרה

Tierra

כדור הארץ

Europa

אירופה

América del Norte

צפון אמריקה

América del Sur

דרום אמריקה

África

אפריקה

Asia

אסיה

Australia

אוסטרליה

Atlántico

האוקיינוס האטלנטי

Pacífico

האוקיינוס השקט

Océano Índico

האוקיינוס ההודי

Océano Antártico

האוקיינוס האנטרקטי

Océano Ártico

האוקיינוס הארקטי

Polo Norte

הקוטב הצפוני

Polo Sur

הקוטב הדרומי

Antártida

אנטארקטיקה

Tierra

כדור הארץ

país

אדמה

mar

ים

isla

אי

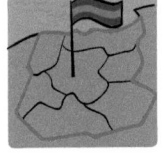

nación

לאום

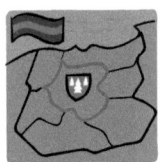

Estado

מדינה

reloj
שעון

cuadrante

פני השעון

horario

מחוג השעות

minutero

מחוג הדקות

segundero

מחוג השניות

¿Qué hora es?

מה השעה?

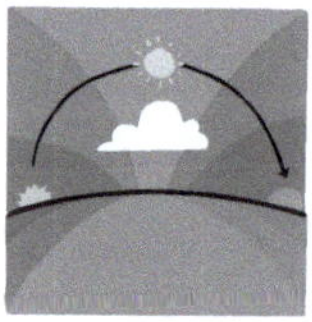

día

יום

tiempo

זמן

ahora

עכשיו

reloj digital

שעון דיגיטלי

minuto

דקה

hora

שעה

semana

שבוע

lunes
יום שני
miércoles
יום רביעי
viernes
יום שישי
martes
יום שלישי
sábado
יום שבת
jueves
יום חמישי
domingo
יום ראשון
SA

ayer

אתמול

hoy

היום

mañana

מחר

mañana

בוקר

mediodía

צהריים

tarde

ערב

jornada de trabajo

ימי עבודה

fin de semana

סוף שבוע

lluvia
גשם
arco iris
קשת בענן
nieve
שלג
viento
רוח
primavera
אביב
otoño
סתיו
verano
קיץ
invierno
חורף

4.APRIL 11°
5.APRIL 4°
6.APRIL 13°
7.APRIL 8°
8.APRIL 10°

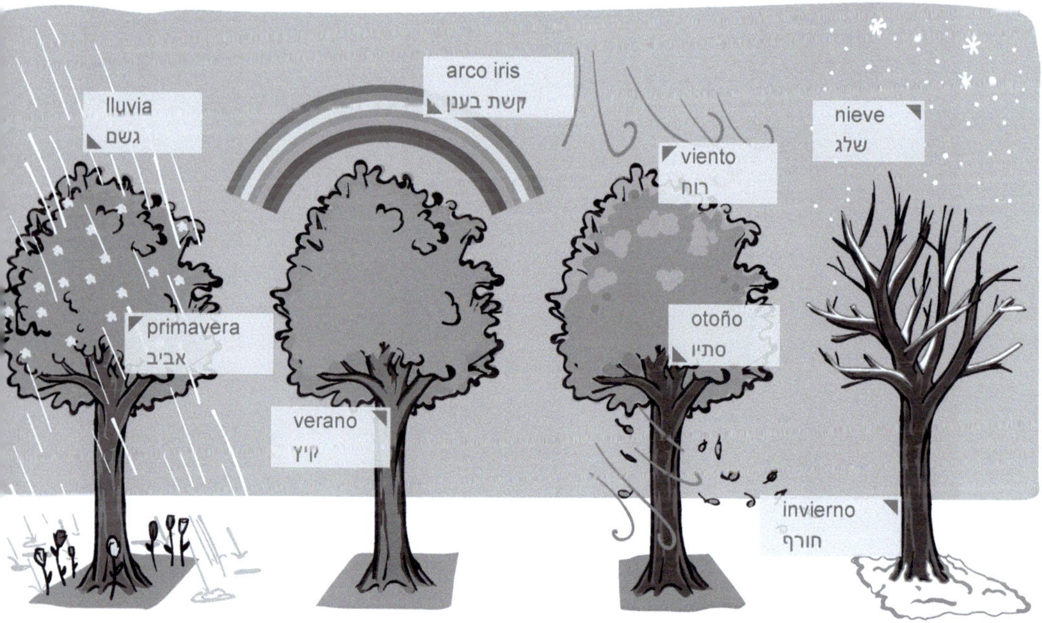

pronóstico meteorológico

תחזית מזג האוויר

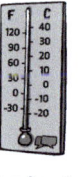

C
0
10
0
-10

termómetro

מד חום

luz solar

אור שמש

nube

ענן

niebla

ערפל

humedad ambiente

לחות

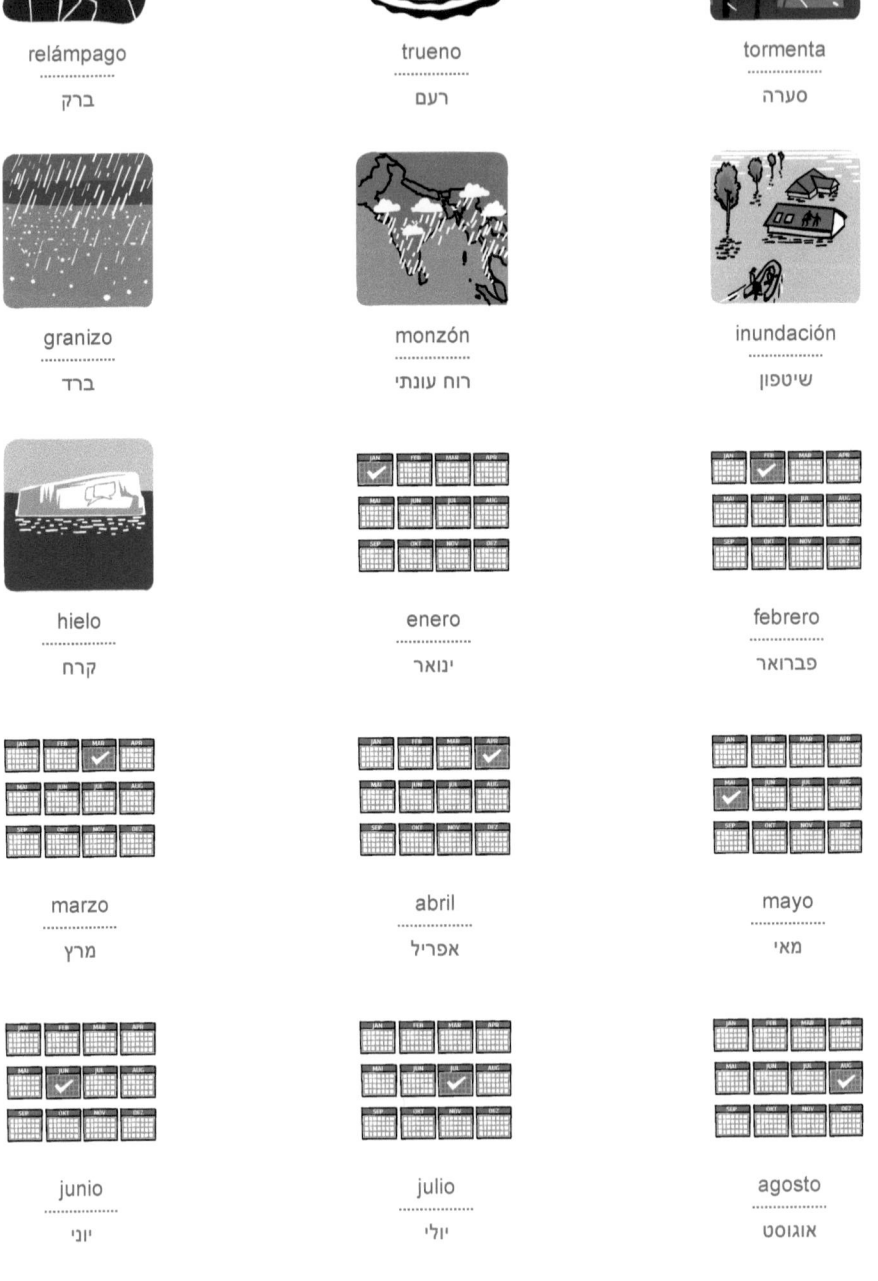

relámpago
ברק

trueno
רעם

tormenta
סערה

granizo
ברד

monzón
רוח עונתי

inundación
שיטפון

hielo
קרח

enero
ינואר

febrero
פברואר

marzo
מרץ

abril
אפריל

mayo
מאי

junio
יוני

julio
יולי

agosto
אוגוסט

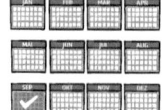

septiembre
....
ספטמבר

octubre
....
אוקטובר

noviembre
....
נובמבר

diciembre
....
דצמבר

formas

צורות

círculo
....
עיגול

cuadrado
....
מרובע

rectángulo
....
מלבן

triángulo
....
משולש

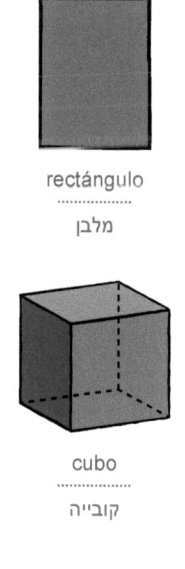

esfera
....
כדור

cubo
....
קובייה

colores

צבעים

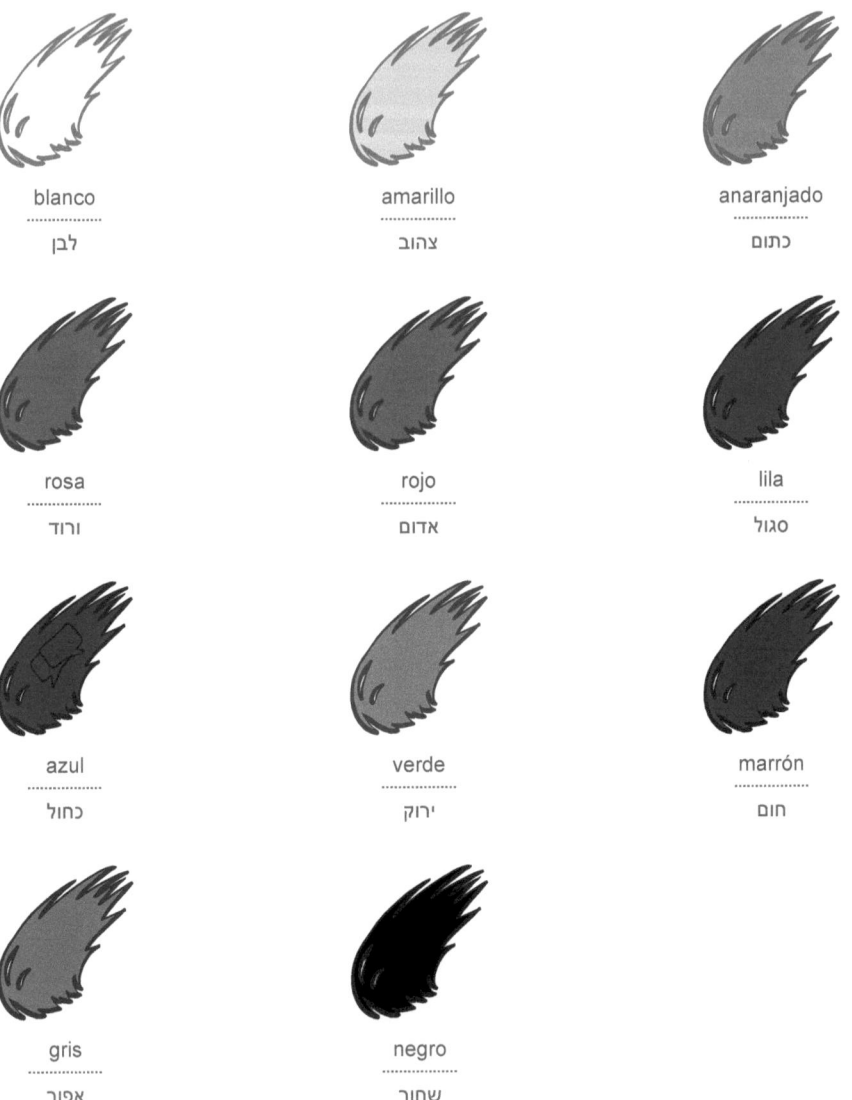

blanco

לבן

amarillo

צהוב

anaranjado

כתום

rosa

ורוד

rojo

אדום

lila

סגול

azul

כחול

verde

ירוק

marrón

חום

gris

אפור

negro

שחור

opuestos

הפכים

mucho / poco

הרבה / מעט

enojado / calmado

כועס / רגוע

bonito / feo

יפה / מכוער

comienzo / fin

התחלה / סוף

grande / pequeño

גדול / קטן

claro / oscuro

בהיר / כהה

hermano / hermana

אח / אחות

limpio / sucio

נקי / מלוכלך

completo / incompleto

שלם / חלקי

día / noche

יום /לילה

muerto / vivo

מת / חי

ancho / angosto

רחב / צר

disfrutable / no disfrutable

אכיל / לא אכיל

malo / amigable

רשע / טוב לב

excitado / aburrido

מתרגש / משועמם

gordo / delgado

שמן / רזה

primero / último

ראשון / אחרון

amigo / enemigo

חבר / אויב

lleno / vacío

מלא / ריק

duro / suave

קשה / רך

pesado / liviano

כבד / קל

hambre / sed

רעב / צמא

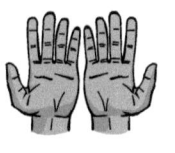

enfermo / saludable

חולה / בריא

ilegal / legal

בלתי-חוקי / חוקי

inteligente / tonto

נבון / טיפש

izquierda / derecha

שמאל / ימין

cercano / lejano

קרוב / רחוק

nuevo / usado

חדש / משומש

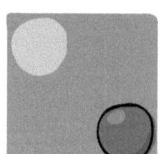

nada / algo

כלום / משהו

viejo / joven

זקן / צעיר

encendido / apagado

פעיל / כבוי

abierto / cerrado

פתוח / סגור

bajo / fuerte

שקט / רועש

rico / pobre

עשיר / עני

correcto / incorrecto

נכון / שגוי

áspero / liso

מחוספס / חלק

triste / alegre

עצוב / שמח

breve / extenso

קצר / ארוך

lento / veloz

איטי / מהיר

mojado / seco

רטוב / יבש

caliente / frío

חם / קר

guerra / paz

מלחמה / שלום

números
מספרים

0
cero
אפס

1
uno
אחת

2
dos
שתיים

3
tres
שלוש

4
cuatro
ארבע

5
cinco
חמש

6
seis
שש

7
siete
שבע

8
ocho
שמונה

9
nueve
תשע

10
diez
עשר

11
once
אחת-עשרה

12

doce

שתים-עשרה

13

trece

שלוש-עשרה

14

catoroc

אררט-עשרה

15

quince

חמש-עשרה

16

dieciséis

שש-עשרה

17

diecisiete

שבע-עשרה

18

dieciocho

שמונה-עשרה

19

diecinueve

תשע-עשרה

20

veinte

עשרים

100

cien

מאה

1.000

mil

אלף

1.000.000

millón

מיליון

idiomas
שפות

inglés
....
אנגלית

inglés estadounidense
....
אנגלית אמריקאית

chino mandarín
....
סינית מנדרינית

hindi
....
הודית

español
....
ספרדית

francés
....
צרפתית

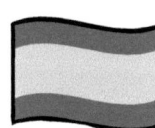

árabe
....
ערבית

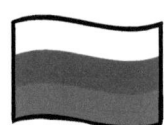

ruso
....
רוסית

portugués
....
פורטוגזית

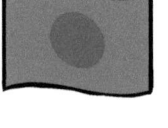

bengalí
....
בנגלית

alemán
....
גרמנית

japonés
....
יפנית

quién / qué / cómo
מי / מה / איך

yo

אני

tú

אתה / את

él / ella

הוא / היא / זה

nosotros

אנחנו

vosotros

אתם

ellos

הם

¿quién?

מי?

¿qué?

מה?

¿cómo?

איך?

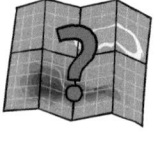

¿dónde?

איפה?

¿cuándo?

מתי?

HELLO, I AM

nombre

שם

donde

איפה

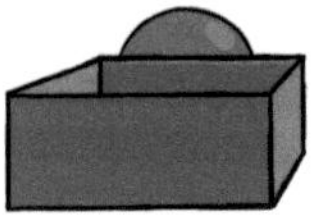

detrás

מאחור

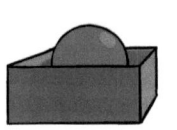

en

בתוך

delante de

לפני

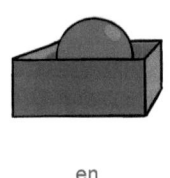

encima de

מעל

sobre

על

debajo de

מתחת

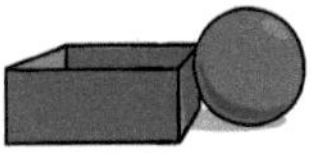

junto a

ליד

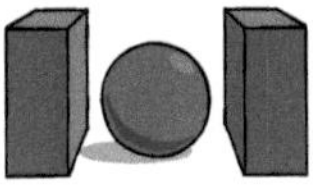

entre

בין

lugar

מקום